EMF3-0055
合唱楽譜＜スタンダード＞ STANDARD CHORUS PIECE

合唱で歌いたい！スタンダードコーラスピース

女声3部合唱

アメイジング・グレイス

作詞：NEWTON JOHN　作曲：JAMES P.CARRELL、DAVID S.CLAYTON

日本語訳詞：岩谷時子　合唱編曲：田中達也

●●● 曲目解説 ●●●

　世界中で愛唱されている賛美歌を女声3部合唱でお届け。イギリスの牧師ジョン・ニュートンが作詞を手掛け、現在ではゴスペルソングとして有名な楽曲です。この女声3部合唱は、静粛で神秘的な雰囲気の中に美しい光が輝き渡るようなアレンジに仕上げました。繊細なピアノと女声の歌声で広がる世界をお楽しみください。歌詞は、岩谷時子氏による日本語版で。慈悲深さと寛大な愛を感じられる言葉の響きを堪能していただけます。誰もが知っている曲だからこそ、人々の心に響く合唱を届けたい方にオススメの一曲です！

【この楽譜は、旧商品『アメイジング・グレイス〔女声3部合唱〕』（品番：EME-C6004）とアレンジ内容に変更はありません。】

合唱で歌いたい！スタンダードコーラス

アメイジング・グレイス

作詞：NEWTON JOHN　作曲：JAMES P.CARRELL、DAVID S.CLAYTON　日本語訳詞：岩谷時子　合唱編曲：田中達也

© 2003 by DENTSU MUSIC AND ENTERTAINMENT INC.

アメイジング・グレイス

作詞：NEWTON JOHN　日本語訳詞：岩谷時子

※Amazing grace, how sweet the sound
　That saved a wretch like me
　I once was lost, but now I'm found
　Was blind, but now I see

　やさしい愛の　てのひらで
　今日もわたしは　うたおう
　何も知らずに　生きてきた
　わたしは　もう迷わない

　ひかり輝く　幸せを
　与えたもうた　あなた
　おおきなみむねに　ゆだねましょう
　続く世界の　平和を

　※くりかえし

エレヴァートミュージックエンターテイメントはウィンズスコアが
展開する「合唱楽譜・器楽系楽譜」を中心とした専門レーベルです。

ご注文について

エレヴァートミュージックエンターテイメントの商品は全国の楽器店、ならびに書店にてお求めになれますが、店頭でのご購入が困難な場合、下記PC＆モバイルサイト・FAX・電話からのご注文で、直接ご購入が可能です。

◎PCサイト＆モバイルサイトでのご注文方法
http://elevato-music.com
上記のアドレスへアクセスし、WEBショップにてご注文ください。

◎FAXでのご注文方法
FAX.03-6809-0594
24時間、ご注文を承ります。上記PCサイトよりFAXご注文用紙をダウンロードし、印刷、ご記入の上ご送信ください。

◎お電話でのご注文方法
TEL.0120-713-771
営業時間内に電話いただければ、電話にてご注文を承ります。

※この出版物の全部または一部を権利者に無断で複製（コピー）することは、著作権の侵害にあたり、著作権法により罰せられます。
※造本には十分注意しておりますが、万一、落丁・乱丁などの不良品がありましたらお取り替えいたします。また、ご意見・ご感想もホームページより受け付けておりますので、お気軽にお問い合わせください。